W0370833

Ruhestand

IST EIN VOLLZEITJOB

Norbert Golluch

Ruhestand

kriegt man nicht geschenkt,
den muss man sich verdienen!

Neuer Lebensabschnitt, neue Aufgaben

Endlich Rente! Jetzt wird alles anders. Aber mach dir keine Illusionen, du hast noch schwierige Aufgaben vor dir:
Morgens ganz ohne irgendeine Starthilfe aufwachen.
Sich den ganzen Tag über erholen. Das kann echt anstrengend werden.
In einem Meer von Freizeit schwimmen, ohne zu ertrinken.
Ohne Stress leben – so wenig Stress, dass du dich schon wieder richtig gestresst fühlst ...

Dieses Buch hilft dir dabei, diese neue und sicher nicht einfache Situation in den Griff zu bekommen. Nein, es ist keineswegs eine Anleitung zum Untätigsein, sondern könnte die Grundlage für deine Ausbildung als Vollzeit-Freizeitmensch oder professioneller Wolkenschieber werden – oder wie auch immer du deine neue Tätigkeit nennen willst. Mit jeder Seite wirst du Erkenntnisse in Sachen erfüllender Lebenslust und gekonntem Müßiggang gewinnen, die deinen künftigen Lebensweg zu einer erfreulichen Reise werden lassen.
Keine Chance für die Dämonen der Leere und Langeweile!

Endlich Ruhestand – *und jetzt?*

Nicht nur, wenn du morgens in den Spiegel blickst, stellst du dir in deinen ersten Tagen und Wochen als Rentner oder Rentnerin die Frage: *Wer bin ich eigentlich?* Die Sachbearbeiterin aus der Vertragsabteilung oder der Chef der Lehrlingsausbildung bist du nicht mehr. Es ist eine der wichtigsten Veränderungen, die der Ruhestand und das Alter mit sich bringen: Du hast eine Rolle verloren, über die du dich als Person definieren konntest. Für manche ist das vielleicht nicht so wichtig, aber andere leiden deutlich unter einer Statuseinbuße: Gestern noch der Platzhirsch oder diejenige, die den ganzen Laden schmeißt – und heute?

Eigentlich hast du in deinem Arbeitsleben nicht groß darüber nachgedacht. Du hattest einen Platz in der Hierarchie, es gab Leute, denen du gehorchen musstest, aber auch solche, die zu dir aufschauten. Dein Wort galt etwas, aber jetzt ist alles anders – irgendwie bist du jetzt nur noch einer oder eine unter Gleichen. Das will durch neue Aufgaben oder Ämter kompensiert werden. Es bieten sich Ersatzkarrieren an: im Dackelzüchterverein, im Skatclub oder als Kreuzworträtsel-Königin … Oder du nimmst dich von nun an selbst einfach nicht ganz so wichtig.

Wecker und Terminkalender haben verloren!

Du blickst auf ein langes Berufsleben zurück. Gut so, das wäre geschafft. Deine Tage waren vielleicht über Jahrzehnte aufgeteilt in Arbeit und Freizeit. Irgendjemand sagte dir, wann und wo du was zu tun hattest. Das ist nun vorbei. Vergiss alle Hierarchien und Leistungsbeurteilungen aus deiner aktiven Zeit im Beruf, die für dich lange Jahre gültiger Maßstab deiner Person waren: **Wechsle einfach die Perspektive!** Im Konzern Ruhestand bist du selbst Boss, CEO und der oder die Vorsitzende der Aktionärsversammlung. Du besitzt das größte Aktienpaket dieser Firma, wenn du nicht sogar Alleineigentümer oder -eigentümerin bist. Du bestimmst von nun an die Firmen- und Familienpolitik. Als Chef oder Chefin hast du allein in allen 24 Stunden des Tages alles im Griff, nicht nur in diesen lächerlichen acht Stunden. Vielleicht brauchst du ein paar Tage, um deinen neuen Status voll und ganz zu realisieren: **Dein Leben gehört jetzt wieder dir!**

Acht-Stunden-Tag war gestern, aber ...

Der Kampf zwischen dem warmen Bett und dem kalten Badezimmer nimmt jetzt einen anderen Verlauf als in deinem aktiven Arbeitsleben. Das Badezimmer hat einen wichtigen Verbündeten verloren: deinen Arbeitgeber, der Pünktlichkeit von dir verlangte. Du bist zwar nicht arbeitslos, kannst aber die Vorzüge des Rentnerlebens genießen. Arbeitslos hingegen ist – zumindest an den meisten Tagen – dein Wecker. Wenn du es recht überlegst – er hat seinen Ruhestand genauso verdient wie du.

Dein neues Verhältnis zu deinem Wecker ist nicht **die einzige Veränderung** in deinem Leben als Rentner.
Es beginnt mit dem Frühstück: Du musst dein Brötchen nicht hektisch herunterschlingen und kannst deinen Kaffee in aller Ruhe austrinken, ohne einen Termin zu verpassen. Du musst nicht um 7 Uhr, sondern kannst um 9 Uhr oder auch um 12:30 Uhr frühstücken, ganz wie du möchtest.
Du hast eine Katze? Das Tier wundert sich, dass es plötzlich am helllichten Tag die Wohnung mit dir teilen muss. Es fragt sich: **Warum lümmelt dieser Typ auf meinem Sofa herum?**

Möglicherweise wirst du mit merkwürdigen Ereignissen konfrontiert. Du triffst zum Beispiel an einem gewöhnlichen Dienstagmorgen um 11 Uhr völlig unerwartet deinen Partner oder deine Partnerin im Wohnzimmer. Dort hast du ihn oder sie an einem Dienstagvormittag noch nie getroffen. Da auch dieser Partner nicht mit einem Zusammentreffen gerechnet und sich in keiner Weise vorbereitet hat, kann das für beide ein echter Schock sein – **Alltag ungefiltert, unrasiert und ungeschminkt …** Eheleute genießen die neue Zweisamkeit – oder eben auch nicht. Wenn nur einer berufstätig war, passt der andere nun vielleicht nicht in den Tagesplan. Es gilt einen neuen, gemeinsamen zu finden, der für beide kompatibel ist.

Auch dein äußeres Erscheinungsbild mag sich dem neuen lockeren Lebenswandel anpassen. Waren bisher Schlips und Kragen, Hosenanzug oder Kostüm deine Standardbekleidung – mit solchen textilen Konventionen ist nun Schluss. Was kommt jetzt, was hält Einzug in deine Kleiderschränke? Ob du klassisches Rentnerbeige oder sportliche Freizeitklamotten bevorzugst oder eine wilde modische Revolution startest – das liegt ganz bei dir.

Deine neue Rolle

Du, dein Job, die Menschen um dich herum, aufgeteilt in die Kategorien geschäftlich oder privat – das ist nun vorbei. Das ganze System bröckelt und zerbröselt, vieles wird neu geordnet werden müssen. Schon nach kurzer Zeit werden viele Menschen dich in einer völlig anderen Rolle sehen. Das beginnt mit einer veränderten Wahrnehmung deiner Person, die du vielleicht nicht einmal bemerkst: Manche werden dich beneiden, wenn sie bemerken, dass die Rollos an deinem Fenster nicht mehr um 6 Uhr oder 7 Uhr morgens hochgezogen werden.
All die Lehrer und Lehrerinnen, die pünktlich zu Unterrichtsbeginn antreten müssen, all die Angestellten und Beamten, die sich super früh aus dem Bett quälen, um nach dem Absitzen von acht Stunden am Schreibtisch nachmittags das Gefühl von Freiheit zu genießen (übermüdet, aber immerhin) – sie werden sich insgeheim fragen: Warum darf die oder der so lange schlafen und ich nicht?

Besser bemerkbar macht sich möglicherweise dein Nachwuchs: Deine Kinder scheinen zu denken, dass du eine Kindertagesstätte aufgemacht hast. Auf jeden Fall kriegst du jetzt etliche Angebote, deine Enkel über Stunden oder Tage zu betreuen. Argument: „Du hast doch jetzt Zeit!" Die daraus resultierenden Konsequenzen: Du hast jetzt endlich so richtig das Gefühl, Großvater oder Großmutter zu sein. Oder dein ohnehin nicht sonderlich stabiles Nervenkostüm wird durch Kinderchaos weiter strapaziert ... Das Chaos, das ein einzelnes Kind der jüngsten Generation in kürzester Zeit anrichten kann, hast du in deiner gesamten beruflichen Laufbahn nicht erlebt, selbst wenn du als Sozialarbeiter Messies betreut hast ...

Deine Kinder haben keine Kinder, sondern einen Hund oder eine Katze? Rentner sind die besten Hundesitter!
Du kannst dich also über schwanzwedelnde Begleitung auf deinen Spaziergängen freuen. Katzen hingegen passen besser in das Lebenskonzept Ruhestand, fordern dich als ihren temporären Betreuer allenfalls als Dosenöffner, strapazieren dich allerdings auch mit ihren nicht gerade wohlriechenden Hinterlassenschaften.

Die neuen Sichtweisen deiner Person beschränken sich nicht auf deine Verwandtschaft und Freunde. Kaum wird bekannt, dass du jetzt Rentner bist, wählt dich der zuständige Postbote als Filiale eines Paketannahmedienstes und lädt Unmengen von Paketen, die für die Nachbarschaft, vielleicht sogar für Adressaten im ganzen Straßenzug bestimmt sind, rücksichtslos, aber in charmanter Form bei dir ab. *„Hallo, Herr Michelbacher, Sie nehmen doch sicher gern ein paar Pakete für die 16 Mietparteien im Mehrfamilienhaus gegenüber an, oder?"* Er bringt dir Kosmetika und Medikamente, Ersatzteile und Computer, Mode und modische Accessoires, interessanten Heimtierbedarf bis hin zum meterhohen Kratzbaum, riesige Matratzen aus der Fernsehwerbung und abenteuerlich aussehende Pakete, aus denen rätselhafte Flüssigkeiten auslaufen. Da die Post nicht der einzige Dienstleister in dieser Richtung ist, kommen der Bote vom Mega-Online-Händler und alternative Maildienstleister hinzu. Briefe von Megapost, Winner Mail, Neo Messenger und XYZ Postservices stapeln sich auf deinem Schuhregal im Hausflur, das darunter zusammenzubrechen droht.

Schon nach kurzer Zeit hast du regelmäßig Besuch von allen Vertretern des liefernden Gewerbes. Das hat soziale Veränderungen in deiner Nachbarschaft zur Folge. Es ist nur natürlich, dass bald regelmäßig Nachbarn bei dir klingeln (mit Vorliebe gegen 23 Uhr) und nachfragen: „Ist Post für mich gekommen?“ So oft haben sie bisher nicht geklingelt – du wirst deine Nachbarschaft in ganz neuer Weise kennenlernen.

Fehlt dir das Team?

Du hast immer darauf geschimpft, dieses nutzlose Team-Meeting jeden Montagmorgen um 10 Uhr, bei dem eigentlich auch nichts anderes ausgetauscht wurde als im Flurfunk: Tratsch von letzter Woche. Jetzt stellst du fest, dass du die „Idioten aus den überflüssigen Abteilungen“ vermisst, um in der angemessenen Bürosprache zu bleiben. Die ziemlich überdrehte Chefsekretärin, vor dem Bildschirm geschminkt, als sollte sie den Oscar bekommen. Die quicklebendige Buchhalterin, die ganz genau wusste, wann jeder in der Firma Geburtstag hat, und es schaffte, für jeden einen Kuchen zu backen. Dein lebenslustiger Kollege aus dem Vertrieb, in dessen Gesicht immer noch das ganze verstrichene Wochenende und einige alkoholische Hochleistungen geschrieben standen. Der überaus selbstbewusste Abteilungsleiter, der sich aufführte, als sei er der Stargast in einer Late-Night-Talkshow, sobald seine Webcam eingeschaltet war. Oder der sympathische Typ aus dem Lager, der dir nach dem Mittagessen in der Kantine immer einen Kaffee mitgebracht hat, immer genau richtig, schwarz und mit einem Stück Zucker.

Nostalgie? Du brauchst sie nicht wirklich, denn all die ehemaligen Kollegen sind immer und überall dabei – in deinem Kopf, und somit sozusagen zum Wesensbestandteil eines pensionierten Arbeitnehmers geworden. Setz dich einfach in deinen bequemen Fernsehsessel, schließ die Augen und stell dir die nächste Teamsitzung vor. Du weißt ohnehin ganz genau, was sie alle sagen würden. Wenn du jetzt ein Selfie von dir machen würdest, würde es ein verträumtes Lächeln zeigen …

Wer bin ich eigentlich?

Dein Beruf hat dein bisheriges Leben über weite Strecken bestimmt. Wenn dich jemand danach gefragt hat, wer du eigentlich bist, hast du geantwortet: Max Mustermann, Buchhalter, oder Erika Mustermann, Bürokauffrau. Mit deiner Pensionierung verschwindet ein Stück von dir – zumindest könnte es sein, dass du es so wahrnimmst. Vielleicht kommst du dir sogar vor wie eine leere Hülle, weil dir ein Großteil deiner Rollenzuweisung verloren gegangen ist. Vorsicht, Selbstfindungsschwierigkeiten!

Zu deiner Beruhigung: Du „warst" nie dein Beruf, sondern im Gegenteil – dein Beruf war immer nur ein Teil von dir. Er nahm natürlich einen wichtigen Teil deiner Existenz in Anspruch, umso mehr, je lieber du ihn ausgeübt hast. Er gab dir ein gutes Selbstwertgefühl und Sicherheit und Gelassenheit im Umgang mit deinen Mitmenschen. Und: Es war praktisch, sich über die berufliche Tätigkeit zu definieren. Aber jetzt ist es an der Zeit, nach den übrigen Qualitäten deiner Person zu fahnden. Finde heraus, wer du sonst noch bist!
Vielleicht hast du nur vergessen, was noch alles in dir schlummert.

Stell dir die folgenden Fragen, um dich (wieder) zu entdecken:

- *Was kannst du über die Qualifikation deines ehemaligen Berufes hinaus? Wenn dich das Leben morgen an einem neuen Ort in einen völlig neuen Zusammenhang setzen würde – mit welcher Befähigung könntest du über die Runden kommen?*

- *Was macht dich nicht müde? Welche Tätigkeiten geben dir Kraft und neue Energie?*

- *Was möchtest du in Zukunft auf gar keinen Fall machen? Du wirst staunen, was dir alles einfällt, wenn du mal intensiver über deine Don'ts nachdenkst. Auch was du nicht willst, sagt viel über deine Person aus.*

- *Du wachst morgens auf und bist superreich. Was würdest du mit deinen Millionen anfangen, wenn du erst einmal ein paar von ihnen sinnlos verprasst hast und über deine weiteren Pläne nachdenken kannst?*

- *An welchem Ort fühlst du dich am wohlsten? In einer trubeligen Millionenstadt, in endloser Wildnis, auf einer einsamen Insel?*

- *Gibt es ein Hobby, das schon immer in Konkurrenz zu deinem Beruf stand? Jetzt ist die Gelegenheit, ihm wieder Zeit zu widmen.*

- *Eine ganz andere Perspektive: Welches Tier steckt in dir? Gut, nach Feierabend war es bisher vielleicht immer das Faultier, aber da sind noch andere Wesen mit deutlich mehr Energie in dir.*

- *Stell dir vor, nach deinem Lebensende käme nicht das Nirwana, sondern du würdest wiedergeboren. Welche Eigenschaften würdest du dir für ein neues Ich wünschen? Welche davon besitzt du schon?*

Hier kannst du ein paar deiner Gedanken notieren:

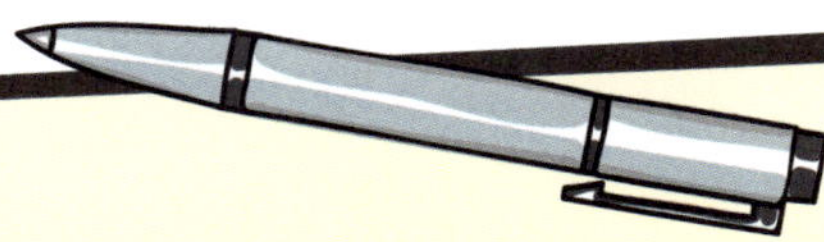

Dein Tag braucht Struktur

Rentner in Europa am Morgen:

Was macht der englische Rentner?
Er frühstückt, liest die Times und geht dann in den Club.

Was macht der französische Pensionär zur Morgenstunde?
Er frühstückt Kaffee und Baguette, klemmt sich eine Flasche Rotwein unter den Arm und besucht seine Freundin.

Der deutsche Rentner nimmt seine Herztabletten ein und wünscht sich, er könnte zur Arbeit gehen.

Übertrieben? Du hast dir das Rentnerdasein als endloses Wochenende oder als eine Art Dauerurlaub vorgestellt, musst aber diese Sicht der Dinge nach den ersten Wochen der Rentner-Realität revidieren.

Etwas ist anders. Auf das Wochenende folgte stets deine neue Arbeitswoche, nach dem Urlaub ging der berufliche Alltag weiter. Du konntest beides – Wochenende und Urlaub – genießen, weil sie Teil einer größeren Struktur, eines funktionierenden Ordnungssystems waren, das dir nun aber fehlt ...

Du vermisst die morgendliche Tasse Kaffee zwischen Tür und Angel im Gespräch mit einem netten Kollegen, die Mittagspause als rettende Insel im Meer des Stresses, den Dienstschluss, der dich von einem arbeitenden in einen Freizeitmenschen verwandelt. Für das alles musst du Ersatz suchen. Keine Angst, es gibt ihn! Der Plausch mit dem Nachbarn über den Gartenzaun hinweg, der Kartoffelpuffer-Tag in deiner Kneipe als fester Termin, die Endlos-Serie im Fernsehen immer exakt zum gleichen Zeitpunkt. Bei aller Freundschaft in der Realität – das gibt es auch im Fernsehen! Was aber nicht heißt, dass du künftig auf Serien wie „Die Rentnercops“ abonniert sein musst.

Keine Zeit für Langeweile!

Morgens ausschlafen, nach einem Mittagessen in aller Ruhe ein Schläfchen machen und abends endlich wieder Zeit haben, um mit Freunden Schach zu spielen, mal in der Eckkneipe vorbeizuschauen oder im bequemen Sessel ein gutes Buch zu lesen: So stellen sich viele ihren Ruhestand vor. Doch was verlockend klingt, entpuppt sich für manchen als psychologische Falle. Schon mal vom „Empty-Desk-Syndrom" gehört, der „Angst vor dem leeren Schreibtisch"? Statt Ruhe und Entspannung tut sich plötzlich ein tiefes Loch auf. Die Tage fühlen sich so ganz ohne die Arbeit inhaltsleer und langweilig an. Das gilt es zu vermeiden, denn der Ausstieg aus dem Berufsleben soll ja nicht zum Drehbuch für einen öden Rentnerfilm ohne spannende Wendungen werden.

Du brauchst Ideen für neue Projekte und Beschäftigungen? Beginnen wir mit ein paar ganz einfachen Vorhaben:

→ Ein ambitioniertes Projekt steckt in deinem CD-Regal. Es ist eine schöne Aufgabe, alle deine musikalischen Schätze zu katalogisieren, sinnvoll in eine Datenbank einzupflegen und dich um die Komplettierung etwaiger Serien zu kümmern. Diese Arbeit darfst du tun – ganz allein. Das ist ein Privileg, das du mit dem Archivdirektor eines großen öffentlich-rechtlichen Senders teilen kannst.

→ Eine Sache, die du schon immer regeln wolltest: Hunderte oder tausende Fotos auf deinem Smartphone oder auf der Festplatte deines Computers warten darauf, in eine sinnvolle Ordnung gebracht zu werden. Je nachdem, wann du mit der digitalen Fotografie begonnen hast, stehen dir dabei einige Überraschungen bevor. Wenn dein Blick weit in die Vergangenheit reicht, wirst du dich manches Mal fragen müssen: „Bin das wirklich ich?" Möglicherweise wirst du auch Schwierigkeiten haben, die übrigen Personen auf den Bildern richtig einzuordnen ...

→ Ebenfalls sehr lohnenswert ist es, deine Bücher zu sortieren. Zum einen nimmst du sie so mal wieder in die Hand, zum anderen kommst du womöglich auf die Idee, das eine oder andere ein weiteres Mal zu lesen. Weißt du noch, welches Buch du zuletzt gelesen hast? Auf jeden Fall wirst du staunen, welche vergessenen Schätze in deiner Bibliothek zu finden sind.

Helden müssen nicht immer jung sein

Übrigens noch eine Anmerkung zu deinem Bücherbestand: Vielleicht könnte deine Bibliothek auch eine Auffrischung vertragen. Sachbücher über das Altern und die Generation Silber hast du vermutlich schon zu den letzten Geburtstagen geschenkt bekommen. Aber wie sieht es mit der literarischen Unterhaltung aus? Wie wäre es mit Ergänzungen unter einem besonderen Aspekt? Hier ein paar Vorschläge für lesenswerte Romane, die mit älteren Protagonisten glänzen:

Jonas Janasson: *Der Hundertjährige, der aus dem Fenster stieg und verschwand / Der Hundertjährige, der zurückkam, um die Welt zu retten*

Nicholas Sparks: *Wie ein einziger Tag*

Tania Krätschmar: *Clara und die Granny-Nannies*

Minna Lindgren: *Whisky für drei alte Damen oder Wer geht denn hier am Stock?*

Gabriel García Márquez: *Die Liebe in den Zeiten der Cholera*

Agatha Christie: *Mord im Pfarrhaus. Ein Fall für Miss Marple*

Rachel Joyce: *Die unwahrscheinliche Pilgerreise des Harold Fry*

Weißt du noch?

Leb nicht in der Vergangenheit, heißt es immer wieder. Doch jetzt als Pensionär oder Pensionärin wirst du vielleicht feststellen, dass dich deine Gedanken immer öfter in alte Zeiten führen, und das keineswegs auf unangenehme Weise. Manche Ereignisse vergangener Tage mögen so gegenwärtig sein, als seien sie gestern geschehen, andere verschwimmen langsam im Strom der Zeit – und das findest du sicher schade. Ein bisschen Nostalgie schadet jedenfalls nicht. Nimm dir deshalb Zeit, deine Erinnerungen zu schärfen, vor allem die an deine Kindheit und an besondere Erlebnisse, und vor der Vergessenheit zu retten.

- Wer waren die bedeutendsten Menschen in deinem Leben? Suche dir die drei wichtigsten aus und stelle sie auf ein virtuelles Siegerpodest.

- Erinnere dich an deine Wohnorte. Vielleicht hältst du sie in einer chronologischen Liste fest, beginnend bei deinem Geburtsort.

- Erinnerst du dich noch an alle Adressen, unter denen du erreichbar warst? Trage sie in einen Stadtplan oder in einer Landkarte ein, solltest du weit gereist sein.

- Erinnere dich an einzelne Räume – die Wohnküche, in der du als Kind gespielt hast, das Wohnzimmer nach dem ersten Umzug, das Erkerzimmer, das du in deiner Studenten-WG bewohnt hast …
- Wer waren deine Freunde auf dem Spielplatz? Wer ging mit dir zur Schule?
- Welche Haustiere haben dich begleitet – Schildkröte, Kaninchen, Katze, Hund …?

- Rette die Erinnerungen an dein Liebesleben! Mit wem warst du in besonderer Weise verbunden?
- Mit welchen Fahrzeugen hast du dein Leben durchquert? Beginne deine Liste bei deinem Dreirad oder Tretroller, führe sie fort mit allem, was Räder hatte. Du wirst mit jedem Fortbewegungsmittel Erlebnisse und vielleicht auch Reiseziele verbinden.
- Welche großen Feste und Feiern hast du erlebt? Wo haben sie stattgefunden und wer war alles dabei?
- Urlaub ist meist die schönste Zeit! Welche Reiseziele hast du wann und mit wem besucht?

Aus diesen Überlegungen folgt möglicherweise das ganz große Projekt deines Lebens: Schreibe deine Lebensgeschichte!
Du könntest natürlich auch warten, bis jemand anderes deine Biografie verfasst, aber am meisten Spaß macht es doch, es selbst zu tun. Das Schöne ist, dass es heute technisch kein Problem mehr ist, aus einem Manuskript wirklich ein gegenständliches Buch zu machen – für dich persönlich und zum Verschenken an alle Menschen, die dir wichtig sind.
Ist dir das zu ambitioniert? Du musst ja nicht sofort 500 Seiten schreiben. Beginne langsam, mach dir hier ein paar Notizen. Oder vielleicht schreibst du (wieder) Tagebuch? Aus ein paar ersten Zeilen entwickelt sich dann womöglich ein Manuskript.

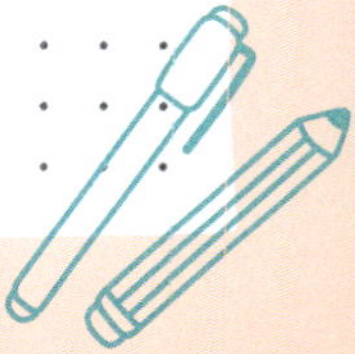

Gute Erinnerungen tragen das Leben.

aus Japan

Schreibe eine Bucket List!

Lass uns wieder in der Gegenwart ankommen beziehungsweise in die Zukunft blicken. Eine Bucket List hilft dir dabei, deine Wünsche und Vorhaben festzuhalten. Keine Angst, du musst keinen Bungeesprung vom Burj Khalifa und auch keinen Marathonlauf planen. Dennoch ist das Verfassen einer solchen Liste ein großartiges Projekt, das dich nicht nur für kurze Zeit beschäftigen kann, denn es handelt sich um work in progress – fertig wirst du damit vermutlich nie. Schränke dich in deiner Fantasie nicht ein! Anders als Hardcore-Bucket-Fans musst du nicht alles wirklich in die Tat umsetzen. Du musst nicht ans Limit gehen und deine Grenzen erforschen – das hast du schon ein Berufsleben lang getan. Aber du kannst das Universum deiner Möglichkeiten vergrößern und dann auswählen, was zu dir passt. Alles ist möglich, aber nichts muss sein. Ergänze die Ideenliste mit allem, was dir in den Sinn kommt. Und hake einfach als erledigt ab, was deiner Meinung nach nicht tatsächlich umgesetzt werden muss.

- ◯ Schach spielen lernen

- ◯ lernen, mit Stäbchen zu essen
- ◯ am Strand von Bali meditieren

- ◯ an der Küste entlangreiten
- ◯ mit Alpakas wandern
- ◯ einen Gesangverein gründen
- ◯ einen hundert Jahre alten Baum umarmen
- ◯ in einem Naturgewässer schwimmen
- ◯ in einem Strandkorb übernachten
- ◯ ins Autokino fahren
- ◯ Sternschnuppen oder Polarlichter beobachten
- ◯ einem Bedürftigen helfen
- ◯ eine Flaschenpost verschicken

○ eine ostfriesische Teezeremonie veranstalten

○ einen Poetry Slam sehen – oder selbst auf der Bühne stehen

○ in einem Bach nach Gold suchen

○ ein Haiku schreiben

○ einen Cocktail erfinden

○ aus einer Kokosnuss trinken

○ ein selbst gemaltes Bild aufhängen

○ eine echte Goldmünze kaufen und verschenken

○ mit deiner Luftgitarre in der Fußgängerzone auftreten

○ ein Indoor-Picknick veranstalten

○ mit einem Freund/einer Freundin einen riesigen Eisbecher essen

○ einen Strauß Wildblumen pflücken

- eine Nachtisch-Orgie mit mindestens sechs Sorten Pudding veranstalten

- einen selbst gefangenen Fisch essen
- auf dem Balkon einen Gemüsegarten anlegen
- im Garten im Zelt schlafen
- allein ins Theater gehen

- ____________________
- ____________________
- ____________________
- ____________________
- ____________________
- ____________________
- ____________________
- ____________________

Alte neue Hobbys

Womit hast du früher, in deiner Kindheit und Jugend, deine Freizeit gefüllt? Hast du mal Dinge ausprobiert, angefangen und dann wieder aufgegeben, weil dir die Zeit fehlte? **Was davon könntest du reaktivieren oder welche neuen Interessen könntest du jetzt ausleben? Überleg einfach mal …**

Vögel beobachten

Modellbau

Spielabende
mit Freunden

imkern

Malen nach Zahlen
oder Kalligraphie

Boccia

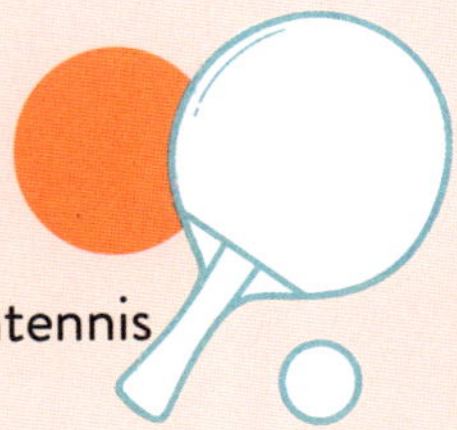

Tischtennis

Fitness easy, gaaanz easy …

Mal ehrlich: Hattest du als Profi im Beruf nicht immer irgendwie im Hinterkopf, auch in Sachen Fitness Spitzenleistungen abliefern zu müssen? Irgendwie war der Ironman der heimliche Maßstab, irgendwie warst du immer auf dem Weg nach Marathon. Du musstest Karate trainieren. Tai-Chi oder Yoga – das war etwas für Weicheier. Morgens vor dem Duschen musste es ein Zehnkilometerlauf sein, Nordic Walking ging gar nicht. „The Walking Dead", nicht auszudenken, wenn dich einer deiner Kollegen mit den Stöcken gesehen hätte!

Früher waren deine körperlichen Ertüchtigungen wie eine Fortführung vom beruflichen Leistungsstress, nur eben in einem anderen Rahmen, und dazu noch eingeklemmt in einen ziemlich überfüllten Terminkalender. Wie oft musste ein fest eingeplanter Sporttermin ausfallen, weil irgendetwas anderes – Beruf oder Familie – sich dazwischendrängte? Aber warst du in einem solchen Fall insgeheim nicht manchmal ganz froh, dich nicht auspowern zu müssen, sondern entspannt die Seele baumeln lassen zu können?

Jetzt kannst du ein ganz entspanntes Verhältnis zu deiner Fitness aufbauen, dich den ganzen Tag und an allen folgenden um dein Wohlbefinden kümmern – der Leistungszwang ist futsch, du musst weder dir noch sonst jemandem beweisen, dass du wahnsinnig fit bist. Du darfst jetzt ganz einfach nur spazieren gehen, eine lockere Fahrradtour unternehmen oder Federball mit den Enkeln spielen. Und die Nordic-Walking-Stöcke müssen sich auch nicht mehr in der Ecke verstecken.

Ab jetzt: Vollzeit-Urlauber

Manche glauben, es handelt sich um die Alterskrankheit Nr. 1: das Reisefieber. Wochenendtrip, Kurzurlaub mit dem Reisebus oder Karibikkreuzfahrt: Keiner reist mehr als Menschen ab 60. Allen voran die Rentner, die ja keine Urlaubstage zählen müssen. Mit dem Camper durch Australien? Wandern auf La Gomera? Mit der Harley durch die Staaten? Irgendwann kommt für jeden der Punkt, an dem er alle verschobenen Reisen nachholen will ... Die Route 66 wartet!

Neue Freiheiten beim Caravaning

Vielleicht hast du schon ein halbes Leben lang mit der Anschaffung eines eigenen „Wanderklos“ (wie man das Wohnmobil in der ehemaligen DDR gern bezeichnete) geliebäugelt, hast es dann aber bei Urlaubsreisen im geliehenen Camper belassen.

Zu deutlich haben Nachbarn und Freunde dir klargemacht, dass so ein eigenes Wohnmobil vor der Haustür zu einem beklagenswerten Mahnmal gescheiterter Mobilität werden kann, wenn es Wochen und Monate unbenutzt volle 24 Stunden Wind, Wetter und Luftverschmutzung ausgesetzt ist und langsam, aber sicher eine erstaunliche Patina bekommt – oder anders gesagt: wenn es vergammelt. Nein, das sollte deinem Wohnmobil nicht passieren! Also hast du verzichtet. Gut, du hattest auch noch das Problem, dass dich eine nicht unerhebliche Geldsumme von deinem Traumfahrzeug trennte, aber das ist unterdessen vorbei.

Jegliche Bedenken kannst du nun also vergessen, nichts spricht mehr gegen einen eigenen Caravan, ein rollendes Ferienparadies. Du kannst deinen Traum von einer mobilen nomadischen, aber durchaus luxuriösen Existenz zur Realität werden lassen – wenn du willst, sogar in Vollzeit. Es soll Wohnmobilbesitzer geben, die ihre Wohnung mit fester Adresse seit Monaten nicht mehr betreten haben. Mit deinem eigenen Wohnmobil kannst du mit nahezu unbegrenzter Reichweite unterwegs sein, und das auch noch in gediegener Häuslichkeit. Home is where my heart is! ♥

Du bist völlig autark und kannst an unglaublichen Orten mit atemberaubenden Sehenswürdigkeiten dein Lager aufschlagen – so dich nicht irgendwelche kleinlichen gesetzlichen Regelungen auf einen Campingplatz zwingen. Doch mit der Zeit bist du ja Camping-Profi und weißt, wo das Wildcampen in freier Natur erlaubt ist und wo nicht. Dann gilt für dich park and sleep. Du stellst deinen Wagen irgendwo an einem wunderschönen Ort mitten in einer Traumlandschaft ab (oder zumindest an einem atemberaubend schönen Straßenrand) und bist angekommen. Du hast dein Luxusbett immer dabei, mit deiner Supermatratze und deiner Superman-Bettwäsche. Vorteile ohne Ende!

Selbst nächtliche Übergriffe durch kriminelle Elemente musst du auch an finsteren Orten nicht fürchten – du kennst ja alle Tricks. Schon ein Fressnapf, eine Hundeleine und ein martialisch mit Nieten bestückter Maulkorb gaukeln den verbrecherischen Gangstern Schutz durch einen Kampfhund vor.
Auch schön: Du hast dein ganzes Beziehungsleben immer dabei – 24/7 und in voller Intensität. Ihr erlebt als Paar alle Schönheiten der Welt gemeinsam, könnt auf engstem Raum zusammen frühstücken, teilt euch eine Minidusche und ein Chemieklo und steht gemeinsam im Stau. Ihr seid euch über viele Tage optisch, akustisch, taktil und olfaktorisch nah. So intensiv kann Zweisamkeit sein. Oha, da haben wir doch fast ein wenig das Reich der Schattenseiten gestreift …
Doch eines wird von solch einer Unternehmung zweifelsohne bleiben:
unzählige unvergessliche Erlebnisse!

Erobere dir die Welt!

Oder bevorzugst du doch andere Fortbewegungsmittel, um die Welt zu sehen und exotische Länder zu bereisen?

Bei einer Kreuzfahrt hängt es von deinem Rentenkonto ab, ob du 14 oder 240 Tage über den Globus schipperst, ob du alle Ozeane der Welt siehst oder nur einen Teil davon. In deiner schwimmenden Unterkunft hast du jedenfalls keine Sorgen, wirst rund um die Uhr gastronomisch wie auch medizinisch versorgt und kannst am schier unüberschaubaren Unterhaltungsprogramm teilnehmen. Auch beim Landgang wirst du nicht allein gelassen und läufst nicht Gefahr, plötzlich in zwielichtigen No-go-Areas Bekanntschaft mit ortsüblicher Abzocke zu machen. Und als krönender Abschluss lockt beim Kapitänsdinner dein persönlicher Traumschiff-Moment.

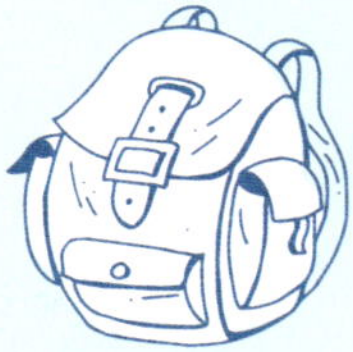

Religiös oder nicht: Wie wäre es mit **Pilgern?** Der berühmte Jakobsweg verläuft nicht nur weit entfernt durch Spanien, auch vor deiner Haustür kannst du bereits ein paar seiner Abschnitte begehen. Eine Horizonterweiterung ist garantiert, wie einst der englische Humanist Thomas Morus meinte: „Es kommt niemals ein Pilger nach Hause, ohne ein Vorurteil weniger und eine neue Idee mehr zu haben!"

Den Horizont erweitern – das gelingt auch beim **Bergsteigen.** Ob es nun die Zugspitze ist oder die kleine Erhebung, die dein Wohnort zu bieten hat: Es ist immer ein erhabenes Gefühl, vom Gipfel eines Berges aus in die weite Landschaft zu schauen ...

Oder bist du ein Freund der **Bahnnostalgie?** Dann könnte dich eine Fahrt mit dem Rasenden Roland über Rügen oder mit dem Royal Scotsman durch die schottischen Highlands begeistern.

„TEAM-Building“:
alte und neue Freundschaften

Viele deiner Freunde sind genau in derselben Lebensphase wie du. Es bietet sich also an, auch einmal nachzuhorchen, wer gerade in Rente gegangen ist und nun – ähnlich wie du selbst – über viel Zeit und möglicherweise auch eine gute Portion Langeweile verfügt. Meist ist es kein Problem, an alte Gesprächsfäden anzuknüpfen. Oft genügt ein Telefonat. Besser klappt es bei einer Tasse Kaffee oder einem Glas Bier oder Wein. Manchmal allerdings muss man auch feststellen, dass sich Lebenswege stark unterscheiden und sich Freunde auseinanderentwickelt haben. Dann kann es spannend sein, sich wieder anzunähern.

Wer neue Freunde gewinnen will, hat heute bessere Möglichkeiten dazu als früher. Auch als Rentner kannst du dich vielfach vernetzen. Hier ein paar Möglichkeiten, um unter Leute zu kommen:

Versuch dich als Granny-Au-pair!

Du lebst bei einer Familie an einem schönen Ort irgendwo auf der Welt, hast freie Kost und Logis und übernimmst dafür die Aufgaben eines Großvaters oder einer Großmutter. Dafür unterstützt du die Familie mit kleinen Hilfen im Haushalt und vor allem bei der Kinderbetreuung. Deine Gastgeber profitieren vor allem auch von deiner Lebenserfahrung, besonders im Umgang mit Kindern. Granny-Au-pairs sind beliebt und ihr bereichert euch gegenseitig mit neuen Erkenntnissen und Erlebnissen.

Gehe in die Politik!

Du debattierst gerne? Engagiere dich in einer Partei oder Organisation. Eine besondere Ausbildung brauchst du dafür nicht, wie zahlreiche Abgeordnete aus vielen Parteien durch ihre Lebensläufe belegen. Gelingt dir der Einstieg, dürfte freie Zeit oder gar Langeweile nicht mehr dein Problem sein. Auf jeden Fall steht dir die Möglichkeit einer zweiten langjährigen Laufbahn offen, denn wie du sicher aus den Medien weißt, reichen derartige Karrieren oft bis in das achte Lebensjahrzehnt. Aber Vorsicht: Sehr schnell hast du genauso viel Stress wie im Arbeitsleben, das du gerade hinter dir gelassen hast. Aber vielleicht brauchst du das ja.

Werde Quizkandidat!

Demonstriere der Welt zunächst in einem Kneipenquiz deine intellektuelle Überlegenheit, gewinne flüssige Preise und beweise, dass du die oder der Schlaueste von allen bist. Freue dich über die neuen Freunde, mit denen du wetteifern kannst. Mach später in der Welt der Quizsendungen weiter! Es gibt mittlerweile so viele unterschiedliche Quiz-Formate, und die Chance, als Kandidat oder Studiogast in einem Quiz vor der Kamera zu stehen, ist ganz ausgezeichnet. „Gefragt – Gejagt" oder „Wer wird Millionär?" **Versuche dein Glück,** bewirb dich, gib nach den ersten Fehlschlägen nicht auf, sondern halte durch und gewinne eines Tages ein paar 1000 Euro oder mehr ...

Beginne ein Seniorenstudium!

Lebenslanges Lernen ist eine gute Sache. Es hält dich geistig fit und du erweiterst deinen Erfahrungsschatz. Dabei kannst du sowohl eine Online-Hochschule als auch eine für dich erreichbare Universität in der Nähe wählen. Der Besuch von Seminaren und Vorlesungen bietet wertvolle soziale Erfahrungen, da es dich mit Vertretern jüngerer Generationen zusammenbringt. Nutze das nicht nur im Hörsaal, sondern auch in der Mensa oder Cafeteria.

Bei der Wahl deines Studienfachs hast du viele Möglichkeiten, egal, ob du dich als Gasthörer oder für einen ordentlichen Studiengang einschreiben möchtest. Du könntest – ausgehend von den Erfahrungen deines Berufes – auch ein Aufbaustudium wählen und dabei ganz deinen Neigungen folgen. Soll es Kunstgeschichte, Sinologie, Philosophie oder Psychologie sein? Auch exotische Studienbereiche stehen dir offen. Tatsächlich angeboten werden zum Beispiel Onomastik (Namenskunde), Kristallographie, Önologie (Weinbau), Coffeemanagement, Puppenspiel und Promenadologie (die Wissenschaft vom Spazierengehen).

Weitere ausgefallene Möglichkeiten, wenn du im Ausland studieren magst:

- Die University of Washington bietet das Studienfach **Astrobiology** an. Werde Experte für extraterrestrische Flora und Fauna!

- An der Sullivan-Universität kannst du das **Professional Nanny Diplom** erwerben und sozusagen studiertes Kindermädchen werden. Stellt sich die Frage: Wie heißen eigentlich männliche Diplom-Nannys auf Deutsch?

- Die Universität von Salford/Großbritannien bietet einen Studiengang **Comedy Writing und Performance**. Mit acht Jahren warst du der Klassenclown, mit 25 die Betriebsnudel, mit 45 die Stimmungskanone jeder Betriebsfeier – erweitere jetzt deine komödiantischen Möglichkeiten auf akademische Weise!

- **Surf Science and Technology** bietet das Cornwall College Newquay in Großbritannien. Surfbrett und Neoprenanzug nicht vergessen – gesurft wird auf den Wellen der Nordsee.

Noch mehr Ideen,

wo du neue Kontakte knüpfen kannst:

Bewirb dich als Senioren-Model – und zeige der Welt, wie schön das Alter sein kann.

Speed Dating für Singles: Viele potenzielle neue Partner oder Partnerinnen in nur kurzer Zeit kennenlernen, das ist hier das Konzept. Alter schützt vor Liebe nicht, aber Liebe vor dem Altern, sagte einst Coco Chanel. Also trau dich, es ist einen Versuch wert.

Gemeinsam im Grünen: Bei der „Offenen Gartenpforte" kannst du dich mit anderen Gartenbesitzern über eure kleinen Paradiese austauschen, Tipps für den grünen Daumen inklusive.

Besuche ein Livekonzert: Ob Rock oder Klassik – Musik verbindet.

Kunstgenuss – am besten im Rahmen einer Führung. In der Gruppe gelingt der Austausch mit Gleichgesinnten sicher leicht.

Werde Influencer: Vielleicht hast du (noch) Vorbehalte gegen all diese sozialen Medien. Doch viele mutige, lebensfrohe **„Granfluencer"** zeigen eindrücklich, wie sie durch Instagram und TikTok eine neue Karriere gestartet haben und Millionen Follower begeistern.

Vorsicht, Jugendwahn!

Du bist in einem neuen Lebensabschnitt angekommen und wirst dir vielleicht nicht zum ersten Mal die Frage stellen: Wie alt bin ich eigentlich wirklich? Manche deiner Mitmenschen planen Haarfärbungen, Verjüngungskuren oder sogar Schönheitsoperationen, weil sie glauben, die Spuren des Alters würden sie zu Menschen zweiter Klasse werden lassen. Der Zwang, jung auszusehen, treibt bizarre Blüten, während diese Weltsicht dem Alter die Würde streitig macht.

Machst du da mit? Wie weit bestimmt der Zwang, jung zu sein, auch dein Leben? Dein Badspiegel zeigt nur dein äußeres Bild. Doch wie sieht es in deinem Inneren aus? Darüber kann dir vielleicht der folgende – nicht wissenschaftlich fundierte – Test Auskunft geben. Für viele ältere Menschen bedeutet jung bleiben, wenn man jedem Trend hinterherjagt und „in“ sein will. Für andere jedoch liegt der Vorteil des Alters gerade darin, dass man eben nicht mehr jeden Hype mitmachen muss.

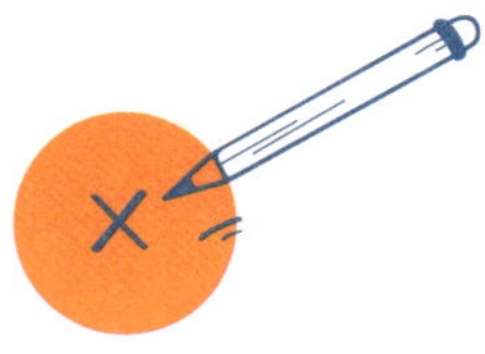

Wo stehst du? Wähle jeweils einen der beiden Begriffe. Eine einzelne Auswahl ist dabei noch nicht wirklich aussagefähig, aber in der Summe wirst du Auskunft über deinen inneren Alterskern und deine Haltung zu Jugend und Alter bekommen.

	lineares Fernsehen	oder	Netflix	
	Buch	oder	E-Book	
	Tageszeitung	oder	Online-News	
	Hausmannskost	oder	vegan	
	klassischer Anzug	oder	lässige Cargohose	
	Twinset	oder	Jumpsuit	
	Dauerwelle	oder	Undercut	

Drahtesel	oder	Gravelbike
Spazierengehen	oder	Mindful Running
Federball	oder	Padel-Tennis
Büfett	oder	Fingerfood
Tante-Emma-Laden	oder	Lieferdienst
Hi-Fi	oder	Bluetooth
natürliche Schönheit	oder	Botox
Pudel	oder	Alpaka
Telefon	oder	WhatsApp
Brief	oder	E-Mail
Monogamie	oder	Polyamorie
Heilfasten	oder	Detox
Kleingartenverein	oder	Urban Gardening

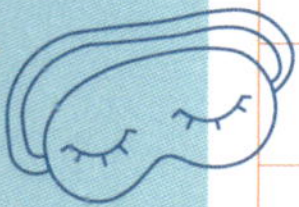

Auswertung:

Zähle zusammen, wie häufig du den Begriff auf der rechten Seite gewählt hast.

1–5 **Du zählst zum alten Schlag.**

6–10 **Immerhin, bei dir rührt sich was.**

11–15 **Du bist Neuem gegenüber neugierig und aufgeschlossen.**

16–20 **Vorsicht, Jugendwahn! Übertreib es nicht mit deiner Jugendlichkeit!**

Wer bin ich ohne meine Arbeit?

Du hast jetzt einige Seiten gelesen, bist aber immer noch nicht sicher, ob dir all diese Ideen und Ratschläge tatsächlich geholfen haben? Dann ist es vielleicht gut, wenn du noch einmal deine grauen Zellen anstrengst und zum Thema Ruhestand ein paar allgemeine, abschließende und bewertende Überlegungen anstellst, in die du die eine oder andere Erkenntnis aus diesem Buch einfließen lassen kannst. Wische sozusagen das Whiteboard noch einmal ab und schreibe ein paar neue Gedanken darauf:

- → Worauf freue ich mich in der Phase, die nun vor mir liegt?
- → Welche neuen Möglichkeiten habe ich jetzt?
- → Was ist meine verrückteste Idee für diese Zeit?
- → Was möchte ich auf keinen Fall tun?
- → Wenn ich mich frage: Was habe ich schon vor langer Zeit für den Ruhestand aufgeschoben, was fällt mir dann zuerst ein?
- → Was würden meine Mitmenschen von mir erwarten – und was ganz und gar nicht?
- → Was würde mir niemand mehr zutrauen?
- → Wenn ich drei konkrete Ziele für die nächsten Jahre benennen sollte: Welche sind das?

Vorbilder gesucht?

Klar, du kennst jede Menge Leute in deinem Alter, und mit einigen von ihnen bist du ganz gut befreundet. Könnten diese Menschen bei deiner Suche nach Orientierung hilfreich sein? Ein Leuchtfeuer in der nebligen See des Alltags? Vorbilder, denen du blindlings folgen möchtest? Oder findest du deine Idole eher in den Kreisen der Prominenz? Wer unter den Berühmtheiten ist in etwa in deinem Alter und kann dir mit seinem Charisma und Tatendrang ein solch leuchtendes Vorbild sein?

Geboren in den 1960ern

Würden diese VIPs ein „normales" Leben führen, wären sie wie du im besten Rentenalter, gehören aber noch lange nicht zum alten Eisen:
Du stehst auf Fußball? Rudi Völler und Jogi Löw sind 1960 geboren, Lothar Matthäus 1961. Zu den aktivsten Kickern gehören sie zwar nicht mehr, mischen aber noch ordentlich mit.

Barack Obama (1961) ist auch nach seiner Amtszeit als US-Präsident noch immer politisch aktiv. Unter den Schauspielgrößen in deiner Altersklasse sind Eddie Murphy und George Clooney (beide 1961), ebenso wie Jodie Foster, Tom Cruise (beide 1962), Brad Pitt, Johnny Depp und Heino Ferch (alle drei 1963), Sandra Bullock und Nicolas Cage (beide 1964) nach wie vor gefragt. Über zahlreiche Fans freuen sich noch immer Nena (1960) und Enya (1961), Jon Bon Jovi und Campino (beide 1962). Keineswegs zu den Frührentnern sollte man Ina Müller, Anke Engelke oder Oliver Kalkofe (alle 1965) rechnen.

Diese Liste ließe sich um viele weitere Personen ergänzen. Sie zeigt aber schon jetzt, dass sich in deiner Altersklasse zahlreiche Persönlichkeiten befinden, die noch längst nicht daran denken, sich zur Ruhe zu setzen.

Das kleine Glück

Es sind nicht nur die großen Pläne und Vorhaben, sondern die vielen kleinen alltäglichen Momente, die zeigen, was einem wichtig ist, was zum eigenen Glück oder Lebenssinn beiträgt. **Achte besonders auf diese kleinen Dinge, um zu erkennen, was dich glücklich macht.** Ergänze die Liste mit deinen persönlichen Glücksmomenten!

- ○ das Gefühl, ins frisch bezogene Bett zu schlüpfen
- ○ eine frisch gebrühte Tasse Tee, genau deine Sorte
- ○ ein spezieller Kaffee aus deiner Lieblingsmaschine
- ○ genau dein Bier
- ○ ein Tag am Meer oder zwei
- ○ ein Sommerabend unterm Sternenhimmel
- ○ die Bundesliga am Samstagnachmittag
- ○ am Sonntagabend Tatort gucken

- ◯ selbst geerntete Erdbeeren im Sommer
- ◯ mit lauter Musik Cabrio fahren
- ◯ dein uralter, aber superkuscheliger Cardigan
- ◯ Opas Armbanduhr
- ◯ gewürzter Tomatensaft
- ◯ zu Fuß zum Bäcker gehen und auf dem Rückweg ein noch warmes Rosinenbrötchen essen
- ◯ dieser Moment, wenn dir klar wird, dass du deine Freiheit genießen kannst, während alle anderen arbeiten
- ◯ ....
- ◯ ....
- ◯ ....
- ◯ ....
- ◯ ....

Das Beste kommt zum Schluss

Hier hast du noch ein wenig Platz, um eigene Notizen, Zeichnungen, Ideen und Anekdoten in Sachen Rentnerdasein festzuhalten.